KIARA

Text und Illustration
MARTHE SEGUIN-FONTES

Übersetzt von: Sabine Pauritsch

Die Blumen

DAS BLUMENJAHR

Im Garten meines Vaters
Blüht eine Nelke
Sie hat so viele Blätter,
Wie das Jahr Monate hat

Im Garten meines Vaters
Blüht eine Dahlie
Sie hat so viele Blätter,
Wie der Monat Tage hat

Im Garten meines Vaters
Blüht eine Rose
Im samtenen Kleid
Sie hat so viele Blätter,
Wie das Jahr Stunden hat

Mit jeder Blume, die Du pflückst,
geht auch ein bißchen Zeit verloren

ISBN 3-900301-73-5
© Paul Mangold Verlag, Graz
Lizenzausgabe des Buches
LES FLEURS by Marthe Seguin-Fontes
© 1982 S. A. Gautier-Languereau, Paris (France)
Printed in Italy

Tulpe

Die kleinen Figuren zeigen an, ob Du alleine arbeiten kannst oder nicht.

Du alleine

Du, unterstützt durch einen Erwachsenen

Die Frühlingsboten

Der Krokus

Wenn der Garten noch ganz im Winterkleid steckt, zeigt sich im Schnee hie und da ein gelber oder blauer Blumenkelch.
Das ist der Krokus. Er verkündet als erster, daß uns die kalte Jahreszeit bald verlassen wird.

Die Narzisse

Der April ist da! Schau, die Narzissen und Osterglocken heben ihre gelben Kelche aus den Blättern!
Mit ihren Trompeten rufen sie die schöne Jahreszeit aus.
Ihre Halskrause kleidet sie so schön, daß man gerne einen Frühlingsstrauß macht. Der Garten ist wiedererwacht!

Die Hyazinthe

Die rosa, weißen oder blauen Hyazinthen haben einen dicken, geraden Stengel, der ganz unter einer Traube von duftenden Glöckchen verborgen ist.
Der Gärtner hat ihre Knollen im Oktober in die Erde gepflanzt. Den Winter hindurch schlafend, durchbrechen sie im Frühling die harte Kruste der Erde.

Die Tulpe

Es gibt so viele verschiedene Tulpen!
Gelbe, weiße, rosa, rote und sogar schwarze.
Auf ihren langen, geraden Stengeln tragen sie den hochaufragenden, mit sechs Blättern verschlossenen Kelch.

Was läßt die Blumen blühen?

Das Samenkorn
Du kannst die Samenkörner direkt auf die Erde säen, oder Du ziehst sie in Kisten, wo sie vor Wind und Wetter geschützt sind.

Die Blumenzwiebel
Sie ernährt die Pflanze bis zur Blüte: Krokus, Hyazinthe, Tulpe und verschiedene Iris-Arten.

Die Wurzel
Dick und runzelig ist sie in die Erde eingebettet. Aus ihr wachsen ganz von alleine immer wieder neue Blumen: zum Beispiel das Maiglöckchen.

Die Knolle
Sie ist eine Art Kartoffel, die die Dahlie während ihres Wachstums ernährt.

Blumen für Weihnachten

Im Garten treiben die Blumen erst im Frühling aus. Im Haus allerdings kannst Du sie schon früher zum Blühen bringen.
Im Oktober pflanzt Du Blumenzwiebel in einen Topf mit Erde. Darüber gibst Du ein Stück Papier und läßt die Zwiebel bis Ende November damit bedeckt. Sie braucht die Dunkelheit. Danach stellst Du den Topf in ein dunkles Zimmer, wo die Zwiebel sehr bald austreiben wird. Im Dezember trägst Du den Topf in einen geheizten Raum und nimmst das Papier weg. Sehr schnell zeigen sich dann die ersten grünen Triebe und die Pflanze beginnt zu blühen.
Zu Weihnachten blüht und duftet es dann im ganzen Haus.

Das Maiglöckchen

Mit einem Strauß aus Maiglöckchen wünschst Du denen Glück, die Dich lieben.

Die Lilie

Schau Dir die sechs weißen Blütenblätter der Lilie an! Die Staubgefäße bedecken die Blütenkelche mit lauter gelben Pollen.

Die Iris

Sie besitzt sechs samtene Blütenblätter. Drei strecken sich gegen den Himmel, drei beugen sich zur Erde. Sie tragen kleine, mit Pollen gefüllte Blätter.

Die Königsmargerite

Sie hat ein Herz aus goldenen Staubgefäßen und eine vielfarbige Krone.

Das Löwenmaul

Wenn sich eine Biene auf eine Löwenmaulblüte setzt, öffnet sie sich und läßt die Biene eintreten.

Die Zinnie

Ihre samtweichen, einander überlappenden Blütenblätter sehen wie bunte Regenschirme aus.

In diesem bunten Blumenkorb
Sind viele Wünsche gut versteckt.
Ich frage mich, wer sie wohl zuerst
Entdeckt?

Da, der Löwenzahn,
Er zeigt Dir viel
Gesundheit an.
Das Veilchen bringt
Dir Zuversicht,

Die Fuchsie von
Hoffnung spricht,
Du mögest immer
glücklich sein.

Das Löwenmaul Dich lustig macht,
Damit Du jeden Tag viel lachst.
Die Margerite sagt, ich denk an
Dich.
Und dann noch eins,
Vergißmeinnicht!

Die Rose

Schon seit sehr langer Zeit gibt es drei Rosenfamilien: die französische Landrose, die wilde Heckenrose und die chinesische Teerose. Die Gärtner haben entdeckt, daß die Rosen kreuzbar sind und immer schönere Arten daraus entstehen.

Auch ein besonderer Rosenstrauch wurde gezüchtet: er blüht mehrmals in einem Jahr. Doch Achtung! Nach wie vor gibt es keine Rose ohne Dornen!

Das Duftkissen

Nimm ein hübsches Stück Stoff, Nadel und Faden, mach daraus ein Kissen mit Rüschen und stopf getrocknete Rosenblätter hinein.
Sticke auf das Kissen ein einfaches Bild oder einen Namen.

Der Rosentopf

Getrocknete Rosenblüten duften immer noch sehr gut. Um sie aufzubewahren, besorg Dir eine schöne Glasflasche.
Während des Sommers trocknest Du Rosenblüten und ordnest sie nach Farben.
Gib sie dann Schicht für Schicht, je nach Farbe, in Dein Glas.
Im Winter öffnest Du das Glas und läßt den Sommerduft heraus.

Meine Samensammlung

Jeder sollte irgendeine Sammlung haben!
Ich sammle verschiedene Samen. Dann
gebe ich sie in kleine Flaschen, die ich
sorgfältig beschreibe.
Schau Dir meine Sammlung an!

Die Geranie

Sie ist die Freundin der Sonne.
Die Geranie hat viele gute Eigenschaften
und kommt mit sehr wenig Wasser aus.
Ihre girlandenartigen Blätter sind ganz
weich, und ihr Duft ist unvergleichlich.

Ein Blumenstrauß für den Tisch

Blumen gehören auf den Tisch

Um es uns besser schmecken zu lassen, gehören Blumen auf den Tisch!
Sie verfeinern den Duft von Tee und Kuchen.

Du kannst Blumen aber auch essen und trinken!
Gekochte Rosenblüten ergeben eine vorzügliche Marmelade.
Der Rosenblütentee paßt zu Stollen und Gugelhupf.

Die Hortensie

Die Hortensie

Die großen Blumenkugeln wachsen
aus buschigen Blättern hervor.
Jede Blume hat viele kleine Blüten
mit vier runden Blättern und einer
kleinen Perle als Herz.

Und außerdem, es gibt ein Geheimnis
um die Hortensie!
Frag einen Gärtner, mit welchem
Mittel Du eine rosa Hortensie
blau färben kannst.

Stiefmütterchen

Meine Gedanken sind bei Dir

Maiglöckchen

Viel Glück!

Ein Strauß der Zuneigung

An alle meine Freunde

Fü
Ch

Rose

Vorsicht vor den Do

Die Nelken

Die Bartnelke

Die Nelke

Sie besitzt viele kleine verschlossene und gezackte Blütenblätter. Nelken gibt es in allen nur erdenklichen Farben.

Welch würziger Duft! Nelken eignen sich sehr gut zur Einfassung von Blumenbeeten.
Die langstengeligen Nelken passen ganz besonders gut in eine schmale Vase.

Die Bartnelken werden gerne für kleine Sträuße verwendet, weil sich viele kleine Blüten um einen einzigen Stengel ranken.

Die Dahlien

Pompon Dahlie

Kaktusdahlie

Einfache Dahlie

Die Dahlie

Die Familie der Dahlien ist sehr groß und besitzt viele verschiedene Vorzüge.
Die einfache Dahlie hat rund angeordnete Blütenblätter.

Die Kaktusdahlie hat ihren Namen von den spitzen Blütenblättern, die sie besitzt. Die kleinen, buschigen Dahlien sehen in einem Blumenbeet ganz besonders nett aus.

Die Knolle der Dahlie wird im Frühling in die Erde gepflanzt und im Herbst wieder herausgenommen, um sie über den Winter zu trocknen.

Die Chrysantheme

Die Aster

Sie sieht aus wie ein kleiner Stern und blüht sehr spät im Jahr. Sie zeigt uns, daß der Herbst kommt und mit ihm die kalte Jahreszeit.

Die Chrysantheme

Das Herz der Chrysantheme kannst Du nur schwer finden! Es ist unter einer Fülle von einander überlappenden Blättern versteckt. Die Chrysantheme ist die letzte Blume im Jahr. Sei nicht traurig deswegen!
Auch die Natur muß sich ausrasten.

Wie machst Du einen Blumenstrauß?

Die einzelne Blume: eine lange, gerade Blume paßt ausgezeichnet alleine in eine Vase.
Die runden Sträußchen:
Du kannst sie mit jenen Blumen machen, die kurze Stengel haben (Veilchen, Maiglöckchen).
Stecke die Blüten in die Mitte, die Blätter an den Rand und gib ein gezacktes Papier rundherum.

Der gebündelte Strauß: nimm dazu Blumen mit langen, starken Stengeln (Narzissen, Margeriten). Gib sie in eine zylinderförmige Vase, die sie gut zusammenhält.
Die Blumen in einer kelchförmigen Vase: Blumen aller Größen und Formen passen hier hinein. Stecke zuerst die Blumen mit kurzem Stengel und kleinen Blättern hinein. Dann nimm große Blumen mit biegsamen Stengeln, die sich herabbeugen (Nelken, Tulpen). Zum Schluß nimm Blumen mit langen, dicken Stengeln, die ganz gerade stehen (Iris).

Ein Strauß aus getrockneten Blumen

Du weißt vielleicht nicht, welch schönen Blumenstrauß Du aus getrockneten Blumen machen kannst.
Die weniger empfindlichen Blumen (Rosen, Nelken, Zinnien) schneidest Du an einem schönen Morgen ab.
Achte darauf, daß die Blüten noch nicht geöffnet sind. Häng sie in einem trockenen Raum mit ihren Köpfen nach unten auf.
Für die empfindlicheren Blumen (Iris, Narzissen) nimmst Du eine kleine Papierschachtel mit Sägespänen, legst die Blumen darauf und läßt die übrigen Sägespäne darüberfallen, bis die Blumen ganz zugedeckt sind. Wenn die Blumen trocken sind, hebst Du sie vorsichtig aus der Schachtel, damit sie nicht beschädigt werden. Stecke sie in eine kelchförmige Vase.

Aus getrockneten Blumen kannst Du auch Wandschmuck machen.

Das Blumenherz

Binde um ein Stück Draht Stroh oder Moos und stecke abwechselnd getrocknete Blüten und Blätter hinein. Achte darauf, daß die Farben der Blumen gut zueinander passen.
Um all das kannst Du noch ein schönes Band binden.

Das Blumenherz

Aus Blumen hab ich Euch
ein Herz gemacht, doch
gebt besonders darauf Acht,
was ich damit nun sagen will:

Habt Euch allezeit sehr lieb,
haltet zueinander,
lernt mit Euch gut umzugehen,
so wird jeder Tag
sehr schön!